BEI GRIN MACHT SICH IHR WISSEN BEZAHLT

- Wir veröffentlichen Ihre Hausarbeit,
  Bachelor- und Masterarbeit

- Ihr eigenes eBook und Buch -
  weltweit in allen wichtigen Shops

- Verdienen Sie an jedem Verkauf

Jetzt bei www.GRIN.com hochladen und kostenlos publizieren

Simeon Handte

Der hermeneutische Religionsunterricht

GRIN Verlag

Bibliografische Information der Deutschen Nationalbibliothek:

Die Deutsche Bibliothek verzeichnet diese Publikation in der Deutschen National-
bibliografie; detaillierte bibliografische Daten sind im Internet über http://dnb.d-
nb.de/ abrufbar.

Impressum:

Copyright © 2008 GRIN Verlag GmbH
Druck und Bindung: Books on Demand GmbH, Norderstedt Germany
ISBN: 978-3-640-20533-2

Dieses Buch bei GRIN:

http://www.grin.com/de/e-book/117340/der-hermeneutische-religionsunterricht

GRIN - Your knowledge has value

Der GRIN Verlag publiziert seit 1998 wissenschaftliche Arbeiten von Studenten, Hochschullehrern und anderen Akademikern als eBook und gedrucktes Buch. Die Verlagswebsite www.grin.com ist die ideale Plattform zur Veröffentlichung von Hausarbeiten, Abschlussarbeiten, wissenschaftlichen Aufsätzen, Dissertationen und Fachbüchern.

Besuchen Sie uns im Internet:

http://www.grin.com/

http://www.facebook.com/grincom

http://www.twitter.com/grin_com

Pädagogische Hochschule Weingarten

Fachbereich Theologie

Seminar: Einführung in die Didaktik des Religionsunterrichts

Sommersemester 2008

Der hermeneutische Religionsunterricht

30.09.2008

Simeon Handte (2. Semester)

HF: ev. Theologie

LF: Informatik

AF: Mathematik

Inhaltsangabe

1. Einleitung

Das Thema meiner Hausarbeit heißt: „Der hermeneutische Religionsunterricht –
seine theologische Begründung in der biblischen Hermeneutik".

Der hermeneutische Religionsunterricht ist eine von mehreren Möglichkeiten, den
Religionsunterricht in der Schule didaktisch zu konzipieren. Das Konzept wurde
von dem Theologen Martin Stallmann 1958 als Folge auf die religionsdidaktische
evangelische Unterweisung, die nach dem 2. Weltkrieg in den Schulen
vorwiegend unterricht wurde, entworfen. Heute gilt die Form des
hermeneutischen Religionsunterrichts überwiegend als veraltet und nicht mehr
zeitgemäß.

Ich habe mich entschieden über dieses Thema meine Hausarbeit zu schreiben,
da durch die Seminare an der Hochschule mein Interesse für die verschiedenen
historisch-didaktischen Modelle des Religionsunterrichts geweckt wurde. Ferner
interessiere ich mich nicht nur durch mein Studium bedingt, sondern auch privat
für die biblische Hermeneutik.

Auf den folgenden Seiten werde ich, um Unklarheiten zu vermeiden, zuerst die
zwei wichtigen Begriffe `Hermeneutik` und `biblische Hermeneutik` erläutern. Den
Hauptteil bildet der historische Zusammenhang, die Inhalte, die theologische
Begründung sowie die Ursachen für das Scheitern des hermeneutischen
Religionsunterrichts.

Das Ziel dieser Hausarbeit soll sein, dass der Leser eine umfangreiche und
objektive Einsicht in den hermeneutischen Religionsunterricht erhält. Meine zum
Schluss anstehende persönliche und subjektive Reflexion soll zum Nachdenken
über das Konzept anregen.

2. Hermeneutik

2.1. Wortverständnis Hermeneutik

Der wissenschaftliche Begriff Hermeneutik [zu griechisch
hermēneúein »erklären«, »kundgeben«, »auslegen«] teilt sich auf in eine Erklärung
im engeren und weiteren Sinn. Im engeren Sinn versteht man darunter die
Kunstlehre der Interpretation von schriftlich fixierten Texten und der gesprochenen
Rede. Im weiteren Sinn versteht man darunter die Theorie des Verstehens und die

Methodologie der Interpretation von Sinngebilden aller Art (Artefakten, Bildern, Texten, musikalischen Werken etc.). Unter dem hermeneutischen Zirkel versteht man, dass der Verstehende immer schon ein Vorwissen von dem Text haben muss, welchen er erarbeitet. Der Verstehensprozess beginnt mit Vorurteilen, Vermutungen über den Sinn des Textes. Anschließend folgt die gründliche Erarbeitung des Textes, was zur Änderung, bzw. Weiterentwicklung des ursprüngliche Vorwissens führt. Dieser Prozess kann man endlos wiederholen. (Zirkel)

(http://lexikon.meyers.de/meyers/Hermeneutik [Datum der Recherche: 11.09.2008])

2.2. Wortverständnis biblische Hermeneutik

Die biblische Hermeneutik ist die Wissenschaft vom Verstehen biblischer Texte. Um an 2.1. anzuknüpfen ist es eine angewandte Form der Hermeneutik. Das Hauptanliegen der biblischen Hermeneutik ist, die Bibel richtig zu verstehen. Die Frage, ob es eine spezielle biblische Hermeneutik (>hermeneutica sacra<) geben soll, wird seit Jahrhunderten kontrovers diskutiert. Es gibt vier Gründe für eine spezielle biblische Hermeneutik: Die Einzigartigkeit dieses über Jahrtausenden entstandenen Buches, die Tatsache, dass die biblischen Verfasser bewusst nicht im Mittelpunkt stehen wollen, sondern von sich weg auf Gott weisen wollen, die Beobachtung, dass die Bibel eine eigentümliche, unverwechselbare Beziehung zwischen Gott und dem Ausleger aufbaut und als letzter Grund noch die Aporien, in die der Bibelausleger unausweichlich gerät. Der Versuch, die Bibel zu verstehen, besitzt den Charakter eines Wagnisses, dessen Gelingen von Aporien begleitet wird.

Um das Thema objektiv zu betrachten, stelle ich im Folgenden noch zwei Einwände gegen eine spezielle biblische Hermeneutik dar. Der eine Einwand wird u.a. von Harnack vorgetragen und geht dahin, „dass man sich immer weiter von der reinen Erkenntnis des Objekts entfernte, wenn man eine hermeneutica sacra anwenden wollte".
(Vgl. Harnack 1901, S. 8)
Der zweite Einwand stellt die Frage, ob wir nicht die vom Schöpfer gesetzte Wirklichkeit abspalten, wenn wir neben die anderswo geübte Hermeneutik die Biblische stellen?
(Vgl. Maier, S. 12ff)

3. Von der evangelischen Unterweisung zum hermeneutischen Religionsunterricht

Die evangelische Unterweisung ist ein didaktisches Modell für den Religionsunterricht, welches 1947 durch den Theologen Helmut Kittel entwickelt und in der Schule eingeführt wurde. Da durch den zweiten Weltkrieg überwiegend das nationalsozialistische Denken in den Schulen herrschte, musste nach dem Ende des Krieges eine Reform einziehen. Der Staat richtete für die Schulen seine Hoffnungen auf die Kirchen, die z.T. Widerstand im Krieg geleistet hatten. Der Neuansatz der Religionspädagogik knüpft an Überlegungen zum Religionsunterricht an, die schon in den dreißiger Jahren von Gerhard Bohne und Oskar Hammelsbeck in Aufnahme der Theologie Karl Barths entwickelt wurden. „Evangelium ist nach dem Neuen Testament Gottes Wort, Fleisch geworden in Jesus Christus (Joh.1). Recht mit dem Evangelium umgehen heißt also: Gottes Wort in Jesu Christi Wort und Werk hören". (Kittel, S. 11) Die Theologie ist, dass Glaube nicht lernbar, sondern aus dem Annehmen der Verkündigung des Wortes Gottes kommt. Folglich ist der Religionsunterricht nicht länger Unterricht, in dem gelernt wird, sondern das Hören und Annehmen der Verkündigung im Mittelpunkt steht. Der Lehrer wird zum Prediger des Wortes Gottes. (Vgl. Kittel, S. 11f) Folgend ist festzustellen, dass der Religionsunterricht nur existierte, um die Verkündigung des Wortes Gottes in der Schule durchzuführen. (Vgl. Kunstmann, S. 52)

Das Konzept der evangelischen Unterweisung existierte bis ca. 1960. Die Kritik daran war, dass der Glaube und die Lebenserfahrung komplett getrennt bleiben. Beide haben nichts miteinander zu tun. (Vgl. Kunstmann, S. 53) Diese wichtigen Aspekte sollten im hermeneutischen Religionsunterricht mehr Bedeutung haben.

4. Der hermeneutische Religionsunterricht

4.1. Entstehung

Zu dieser Zeit (ca. 1960) war die Wirtschaft im Aufschwung und es kam zu dem bekannten Wirtschaftswunder. Die Bevölkerung schaute nicht mehr zurück, sondern man beschäftigte sich mit der Gestaltung der Zukunft. In der Schule trat zu dieser Zeit die geisteswissenschaftliche Pädagogik in den Vordergrund. Ebenfalls ein Grund dafür, dass die Schulen eine neue Religionspädagogik benötigten, war der Anlass, dass Religion sich als Fach immer mehr isolierte. Damit verbunden wurde die Hermeneutik die Grundmethode des Umgangs mit der kulturellen Überlieferung. Dies kennzeichnete u.a. den Übergang von der evangelischen Unterweisung zum hermeneutischen Religionsunterricht. Eine Fragestellung war: „Wie konnten schultheoretische, gesellschaftliche, wissenschaftliche Bedingungen aufgenommen werden, ohne dass dabei die Zentralstellung der biblischen Tradition aus dem Blick geriet?" (Vgl. Kunstmann, S. 53)

Im Jahre 1958 veröffentlichte der Theologe Martin Stallmann sein Buch `Christentum`. Seine These war: „Religionsunterricht muss auslegend verfahren und verstehende Erschließung der christlichen Tradition sein, die als Bedingung des eigenen Selbst-Verstehens gesehen wird. Damit steht nicht mehr der Glaube, sondern existentielles Fragen im Mittelpunkt des Interesses." (Vgl. Kunstmann, S. 54)

Der Hauptunterschied zwischen dem hermeneutischen Religionsunterricht und der evangelischen Unterweisung war, dass der Religionsunterricht nicht zum Glauben, sondern zum Verstehen der biblischen Überlieferung führen soll.
(Vgl. Kunstmann, S. 54)

4.2. Inhalte

Das Gesamtziel dieses religionspädagogischen Prinzips war das Verstehen der biblischen Texte. Es umfasste die Auslegung dieser Texte in die heutige Wirklichkeit und das Erwerben der Fähigkeit, aufgrund der Kenntnis biblischer Überlieferung die gegenwärtige Welt zu verstehen und in ihr leben zu können. Im Unterricht bildete der biblische Text das Zentrum. Die Auslegung dieser Texte bildete die „didaktische Grundform". Texte oder Inhalte, die nicht der Bibel entstammten, wurden kaum berücksichtigt. Wenn außerbiblische Stoffe oder Texte behandelt wurden, so wurden diese mit den biblischen Texten konfrontiert und somit grundsätzlich bibelbezogen behandelt. So sollten diese Texte dem besseren Verständnis der Bibel dienen. Solcher Religionsunterricht war primär Arbeit am Text. Die didaktisch-methodischen Erwägungen beschränkten sich auf eine gründliche Exegese der Bibel. (Vgl. Weidmann, S.36)

Was Stallmann jedoch auch wichtig war, war dass der Religionsunterricht auch den allgemeinen Aufgaben der Schule gerecht wird. Sein Verständnis von Schule war, dass sie ein Ort der existentiell bedeutsamen Überlieferung sein soll. Dies sah er in seiner Form des hermeneutischen Religionsunterrichts beinhaltet. (Vgl. Grethlein, S. 163)

4.3. Theologische Begründung in der biblischen Hermeneutik

Martin Stallmann, durch dessen Publikation der hermeneutische Religionsunterricht populär wurde, war der Ansicht, dass das Verhältnis der Generationen zueinander immer durch die überlieferte Gestaltung menschlichen Lebens bestimmt wurde. Nach Stallmann haben Erziehung, Bildung und Unterricht immer Form und Inhalt von dem her empfangen, was für die ältere Generation verbindend und darum vorbildlich geworden war. (Vgl. Stallmann, S.9)

Theologisch begründet er sein Konzept u.a. mit folgendem Zitat: „Auch für den modernen Menschen, der sich kosmologisch, anthropologisch und biologisch wohl unterrichtet fühlt, bleibt die Frage bestehen, wo das eigentümliche Leben seinen Ursprung nehme, nämlich das Leben in personaler Verantwortung." (Stallmann, Martin. In: Grethlein, S.161)

Die Frage, die Stallmann stellt, beantwortet er selbst mit der Bibel. Nach Stallmann offenbart sich Gott in der Bibel den Menschen als ihr Gott. Und damit die Menschen ihren Gott näher kennen lernen, benötigen sie die Bibel als ausgelegtes Wort Gottes. Diese Auslegung erfahren die Menschen in der Predigt. Stallmann ist der Ansicht, dass diese Auslegung, bzw. Offenbarung Gottes nur in der Predigt stattfinden kann, nirgendwo anders. (Vgl. Grethlein, S. 161ff)

Mit diesen soeben dargestellten Argumenten begründete der Initiator des hermeneutischen Religionsunterrichts Martin Stallmann seine Konzeption.

4.4. Ursachen für das Scheitern

Das Konzept des hermeneutischen Religionsunterrichts war nur wenige Jahre erfolgreich. Man konnte nicht verbergen, dass es sich nach wie vor nur an den traditionellen Stoffen abarbeitet, allen voran der Bibel. Ebenso wie in der Evangelischen Unterweisung ist darüber hinaus die wachsende Bedeutung der Subjektivität der SchülerInnen zu wenig berücksichtigt. (Vgl. Kunstmann, S.55)

Grob betrachtet beziehen sich Stallmanns Überlegungen nur auf den Religionsunterricht der gymnasialen Oberstufe. Diese Engführung wird jedoch in keinem Zusammenhang geschildert. Letztlich bleibt der Inhalt des Religionsunterrichts derselbe wie in der Evangelischen Unterweisung, da die erhobenen Fragen der jungen Menschen im Unterricht keine Berücksichtigung finden. (Vgl. Grethlein, S.163)

Anzumerken sei auch, dass das Interesse der Heranwachsenden an einem ausschließlich traditionsorientierten bzw. biblischen Unterricht äußerst gering ist. Probleme der Gesellschaft, bzw. persönliche Erfahrungen der SchülerInnen finden in dem Konzept keinen Platz.

Diese soeben dargestellten Inhalte wollte man in einer neuen Form des Religionsunterrichts integrieren. Die Folge auf den hermeneutischen Religionsunterricht war der problemorientierte Religionsunterricht.

5. Reflexion

Zum Schluss dieser Arbeit hoffe ich, dass der Leser/die Leserin einen umfangreichen und v.a. objektiven Blick für den hermeneutischen Religionsunterricht erworben hat.

Für mich persönlich war es sehr interessant, dieses Thema gründlich anhand verschiedener wissenschaftlicher Literatur auszuarbeiten. Das historische, aber auch inhaltliche Wissen über den Religionsunterrichts seit dem Ende des zweiten Weltkrieges wird meine weitere Tätigkeit als angehender Religionslehrer beeinflussen.

Persönlich betrachte ich den hermeneutischen Religionsunterricht auch eher kritisch. Ich bin davon überzeugt, dass die Bibel auf jeden Fall die Basis jedes Religionsunterrichts sollte, da es die Grundlage unserer Religion, bzw. unseres christlichen Glaubens ist. Und ich bin auch der Auffassung, dass man die biblischen Inhalte nicht nur in der gymnasialen Oberstufe, sondern auch schon im Primär-, bzw. Sekundärbereich verwenden sollte. Natürlich dürfen nicht nur die biblischen Inhalte besprochen und vermittelt werden. Alltagsprobleme der SchülerInnen, Ethik im Allgemeinen, andere Religionen etc. sollten auch Platz im Religionsunterricht finden. Aber der Hauptbestandteil sollte meiner Ansicht nach die biblischen Inhalte sein, auf das Leben und den Alltag der SchülerInnen angewandt. Von sehr großer Bedeutung sehe ich daher auch die Rolle des Religionslehrers. Dieser ist dafür verantwortlich, die Inhalte des Religionsunterrichts positiv den SchülerInnen nahe zu bringen. Deshalb plädiere ich auch stark dafür, dass jeder Religionslehrer überzeugter Christ sein sollte.

Ich hoffe und wünsche mir, dass ich den Leser/die Leserin mit meinen abschließenden Gedanken zu dem behandelten Thema und zum Religionsunterricht im Allgemeinen positiv zum Anregen gebracht zu haben.

6. Literaturverzeichnis

Harnack, A., 1901: Die Aufgabe der theologischen Facultäten und die allgemeine Religionsgeschichte, Giessen

Maier, Gerhard, 1991: Biblische Hermeneutik. Wuppertal: R. Brockhaus Verlag, S. 12-18

Kittel, Helmut, 3/1957: Vom Religionsunterricht zur Evangelischen Unterweisung. Berlin: Hermann Schroedel Verlag K.G., S. 10ff

Weidmann, Fritz (Hg.), 1979: Didaktik des Religionsunterrichts. Donauwörth: Auer Verlag, S. 36f

Kunstmann, Joachim, 2004: Religionspädagogik. Tübingen: A. Francke Verlag, S. 53ff

http://lexikon.meyers.de/meyers/Hermeneutik (Datum der Recherche: 11.09.2008)

Grethlein, Christian, 1998: Religionspädagogik. Berlin: Walter de Gruyter Verlag, S. 161ff

Stallmann, Martin, 1958: Christentum und Schule. Argenbühl: Schwab Verlag, S. 9f